essentials

essentials liefern aktuelles Wissen in konzentrierter Form. Die Essenz dessen, worauf es als „State-of-the-Art" in der gegenwärtigen Fachdiskussion oder in der Praxis ankommt. *essentials* informieren schnell, unkompliziert und verständlich

- als Einführung in ein aktuelles Thema aus Ihrem Fachgebiet
- als Einstieg in ein für Sie noch unbekanntes Themenfeld
- als Einblick, um zum Thema mitreden zu können

Die Bücher in elektronischer und gedruckter Form bringen das Expertenwissen von Springer-Fachautoren kompakt zur Darstellung. Sie sind besonders für die Nutzung als eBook auf Tablet-PCs, eBook-Readern und Smartphones geeignet. *essentials:* Wissensbausteine aus den Wirtschafts-, Sozial- und Geisteswissenschaften, aus Technik und Naturwissenschaften sowie aus Medizin, Psychologie und Gesundheitsberufen. Von renommierten Autoren aller Springer-Verlagsmarken.

Weitere Bände in der Reihe http://www.springer.com/series/13088

Alexander Tiffert

Customer Experience Management in der Praxis

Grundlagen – Zusammenhänge – Umsetzung

Alexander Tiffert
Lübeck, Deutschland

ISSN 2197-6708   ISSN 2197-6716   (electronic)
essentials
ISBN 978-3-658-27330-9   ISBN 978-3-658-27331-6   (eBook)
https://doi.org/10.1007/978-3-658-27331-6

Die Deutsche Nationalbibliothek verzeichnet diese Publikation in der Deutschen Nationalbibliografie; detaillierte bibliografische Daten sind im Internet über http://dnb.d-nb.de abrufbar.

Springer Gabler
© Springer Fachmedien Wiesbaden GmbH, ein Teil von Springer Nature 2019

Springer Gabler ist ein Imprint der eingetragenen Gesellschaft Springer Fachmedien Wiesbaden GmbH und ist ein Teil von Springer Nature.
Die Anschrift der Gesellschaft ist: Abraham-Lincoln-Str. 46, 65189 Wiesbaden, Germany

Was Sie in diesem *essential* finden können

- Eine komprimierte Darstellung der Grundlagen zum Konzept der Customer Experience
- Einen Überblick über relevante Elemente und Erlebnisdimensionen der Customer Experience
- Einen Überblick über zentrale Aufgabenfelder des Customer Experience Managements
- Einen Einblick in Methoden zur Umsetzung eines Customer Experience Managements in der eigenen Unternehmenspraxis
- Einen ersten Ausblick auf die Weiterentwicklung des Konzeptes

Vorwort

Bereits seit rund 15 Jahren begleite ich Unternehmen bei der Bewältigung komplexer Veränderungsprozesse im Vertrieb. Zu meinen Kunden zählen Unternehmen verschiedenster Größenordnungen aus den unterschiedlichsten Branchen.

Gerade in den letzten Jahren hat in meiner Arbeit eine Fragestellung immer weiter an Aktualität gewonnen: Wie gelingt es einem Unternehmen, sich auch künftig nachhaltig vom Wettbewerb zu differenzieren? Da in vielen Branchen eine Marktdifferenzierung über reine Produkt- und Serviceangebote kaum noch möglich ist, gewinnt in diesem Zusammenhang vor allem die Frage nach der Schaffung eines besonderen Kundenerlebnisses, einer sogenannten Customer Experience, eine immer stärkere Bedeutung.

Um einem Kunden über die verschiedenen Kontakte hinweg ein ganzheitlich stimmiges Erlebnis zu vermitteln, müssen Unternehmen die gesamte Kontaktkette in den Fokus nehmen: angefangen bei der ersten Begegnung im Internet oder auf einem Messestand über die Interaktion im Kontext der Vertriebsarbeit bis hin zum After-Sales und idealerweise darüber hinaus.

Das Konzept des Customer Experience Managements bietet hierfür einen konkreten Leitfaden und thematisiert zentrale Aspekte.

Die Idee dieses *essentials* ist es, einen komprimierten Überblick über den theoretischen Hintergrund zum Customer Experience Management zu geben und erste konkrete Ideen für die eigene Umsetzung zu liefern.

An dieser Stelle möchte ich mich sehr herzlich bei meinen Kunden für die zahlreichen Anregungen und die vielen eigenen Lernerfahrungen in den letzten Jahren bedanken. Ebenfalls bedanken möchte ich mich bei Frau Angela Meffert vom Verlag Springer Gabler für die abermals überaus angenehme Zusammenarbeit.

Lübeck   Alexander Tiffert
im Sommer 2019

Inhaltsverzeichnis

Einleitung

1

1.1 Hintergrund und Problemstellung

Angesichts der immer weiter fortschreitenden Homogenisierung von Produkt- und Servicemerkmalen wird es für Unternehmen spürbar schwieriger, sich vom Wettbewerb zu unterscheiden. Viele Unternehmen versuchen daher, sich über ein ganzheitliches Kundenerlebnis zu differenzieren, um so Kunden an sich zu binden (vgl. Hummel et al. 2012). Im Marketing- bzw. Vertriebsumfeld hat sich dafür der Begriff der „Customer Experience" herausgebildet.

Die Idee, besondere Erlebnisse für Kunden zu schaffen, ist nicht neu. Schon immer erschien es im Vertrieb wichtig, die Qualität der Verkäufer-Kunden-Beziehung im Fokus zu haben und auf eine möglichst positive Wahrnehmung des Kunden hinzusteuern (vgl. Nerdinger 1994, 2001). Neu ist allerdings, als Customer Experience nicht nur die direkte Kunden-Verkäufer-Interaktion zu betrachten, sondern hierin auch eine Aufgabe für das ganze Unternehmen zu sehen. So gilt es, die Customer Experience als Summe aller Interaktionsmomente zwischen Kunden und Unternehmen zu verstehen. Damit dies gelingt, ist es notwendig, die verschiedenen Interaktionsmomente über Abteilungsgrenzen hinweg so zu gestalten, dass ein stimmiger Gesamteindruck über die gesamte „Customer Journey" hinweg entsteht (vgl. Abb. 1.1).

Problematisch ist, dass in der Praxis diese Zusammenhänge vielen Führungskräften nicht ausreichend klar sind und es häufig an fundierten Gestaltungskonzepten mangelt (vgl. zum Folgenden Bruhn und Hadwich 2012; Kreutzer 2018): So fehlen oftmals sowohl klare Ziele als auch erkennbare Prozesse für ein systematisches Customer Experience Management. Darüber hinaus muss die Schaffung einer Customer Experience insgesamt ganzheitlich verstanden werden. Gerade in sehr vertriebsorientierten Unternehmen wird die Rolle der

© Springer Fachmedien Wiesbaden GmbH, ein Teil von Springer Nature 2019
A. Tiffert, *Customer Experience Management in der Praxis,* essentials,
https://doi.org/10.1007/978-3-658-27331-6_1

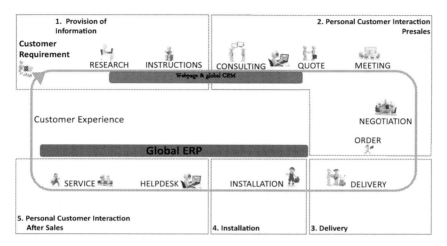

Abb. 1.1 Customer Experience über alle Abteilungen hinweg. (Quelle: In Anlehnung an Niederhagen 2019)

Vertriebsmitarbeiter häufig überschätzt und Customer Experience Management wird nicht als strategischer Ansatz begriffen. Dies führt oftmals zu isolierten Einzelmaßnahmen, bei denen Unternehmen beispielsweise das Personal im Vertrieb schulen, aber den Service vernachlässigen. Außerdem kennen viele Unternehmen die Erwartungen ihrer Kunden über den gesamten Kundenlebenszyklus hinweg immer noch nicht in ausreichendem Maße. So sind die Identifikation und die gezielte Gestaltung sogenannter Moments of Truth meist nicht optimal gelöst. Für die Schaffung einer nachhaltigen Customer Experience ist daher eine noch umfassendere Analyse der Kundenkontaktpunkte notwendig. Hierzu bedarf es neben einer besseren Planung und Umsetzung vor allem einer noch besseren Messung der Customer Experience, um die kritischen Kontaktpunkte überhaupt erst zu ermitteln.

1.2   Zielsetzung, Inhalt und Aufbau

Zielsetzung dieses *essentials* ist es, einen kompakten Überblick über grundlegende Begriffe, einige zentrale Zusammenhänge sowie erste Ideen zur Vorgehensweise bei einem systematischen Management der Customer Experience zu geben. Beim Leser sollen damit eigene weiterführende Denkprozesse angestoßen werden.

Kap. 2 gibt einen komprimierten Überblick über die Grundlagen rund um den Begriff Customer Experience. Dazu werden zunächst der Hintergrund (Abschn. 2.1) sowie die Bedeutung und heutige Verwendung des Begriffs näher erläutert (Abschn. 2.2). Ebenso werden Teilbereiche benannt, aus denen sich die Customer Experience zusammensetzen kann (Abschn. 2.3). Zum Abschluss des Kapitels wird darauf eingegangen, welche Erlebnisdimensionen zu unterscheiden sind. Dahinter steht die Idee, dass sich ein Kundeneindruck auf verschiedenen Ebenen vermitteln lässt (Abschn. 2.4).

In Kap. 3 erfolgt eine komprimierte Darstellung der Grundlagen des Customer Experience Managements. Dazu werden zunächst typische Ziele eines Customer Experience Managements besprochen (Abschn. 3.1). Ebenso werden verschiedene Begriffe erläutert, die in diesem Zusammenhang relevant sind (Abschn. 3.2). Am Ende des Kapitels wird noch darauf eingegangen, wie Kundenzufriedenheit und Kundenbegeisterung entstehen (Abschn. 3.3).

In Kap. 4 werden die vorherigen Ausführungen zusammengeführt, um eine Anleitung zur Umsetzung eines Customer Experience Managements in der unternehmerischen Praxis zu entwerfen. Nach einem kurzen Überblick über zentrale Aufgaben (Abschn. 4.1) werden dann die einzelnen Arbeitsschritte näher beleuchtet (Abschn. 4.2 bis Abschn. 4.6). Zum Abschluss des Kapitels werden konkrete Einflussfaktoren aufgezeigt (Abschn. 4.7).

In Kap. 5 wird anhand von drei Fallvignetten aufgezeigt, wie Unternehmen in der Praxis die Ideen des Customer Experience Managements für sich genutzt haben. Zunächst wird dabei ein Überblick über die dargestellten Themen gegeben (Abschn. 5.1), dann folgen die drei Beispiele (Abschn. 5.2 bis Abschn. 5.4).

In Kap. 6 wird zunächst zusammengefasst, welche offenen Handlungsfelder im Hinblick auf die Umsetzung oftmals in der unternehmerischen Praxis bestehen (Abschn. 6.1). Damit soll der Leser dazu angeregt werden, sich selbst zu hinterfragen. Zum Ende des Kapitels werden einige abschließende Empfehlungen an Führungskräfte formuliert (Abschn. 6.2).

Den Abschluss dieses *essentials* bilden Fragen zur Selbstreflexion. Diese bieten Anregungen zur Verarbeitung der Inhalte und zur Vorbereitung des Wissenstransfers.

Grundlagen der Customer Experience 2

2.1 Hintergrund zum Konstrukt der Customer Experience

Der Ursprung der Überlegungen zum Thema Kundenerleben geht bis in die 1960er Jahre zurück, als erste Studien über das Kundenverhalten veröffentlicht wurden (vgl. Lemon und Verhoef 2016). In den frühen 1980er Jahren wurde beispielsweise die Bedeutung von Emotionen beim Konsum eines Produktes oder einer Leistung thematisiert (vgl. Hirschman und Holbrook 1982). Und auch in neuerer Zeit wurde das Thema im unterschiedlichen Arbeiten aufgegriffen. Nerdinger (1994) hat sich in einer ausgesprochen umfangreichen Weise mit den verschiedensten Facetten des Dienstleistungserlebens beschäftigt. Patrício et al. (2008) haben beispielsweise das Dienstleistungserlebnis im Bereich der Bankdienstleistungen untersucht und dazu ein mehrstufiges Service-Experience-Blueprint entwickelt, um das kundenseitige Dienstleistungserlebnis gezielt zu gestalten. In Rahmen einer eigenen Studie wurde ein Training entwickelt, mit dem es Mitarbeitern im Kundenkontakt leichter fallen soll, Einfluss auf das eigene Empfinden zu nehmen, um damit ebenfalls die vom Kunden wahrgenommene Dienstleistungsqualität zu beeinflussen (vgl. Tiffert 2006).

Seit einigen Jahren ist allerdings zu beobachten, dass die Kundenerfahrung über das reine Verkaufsgeschehen bzw. den Moment der Dienstleistungserstellung hinaus in einem größeren zusammenhängenden Kontext diskutiert wird. Im Zentrum dieser Diskussion steht dabei das Konzept der sogenannten Customer Experience.

Nicht zuletzt vor dem Hintergrund der grundsätzlichen Zunahme an Erlebnisorientierung in der Gesellschaft wird die Sicherstellung eines bestimmten Gesamterlebnisses über alle Kontaktpunkte hinweg, die ein Kunde mit einem

© Springer Fachmedien Wiesbaden GmbH, ein Teil von Springer Nature 2019
A. Tiffert, *Customer Experience Management in der Praxis,* essentials,
https://doi.org/10.1007/978-3-658-27331-6_2

Unternehmen hat, als ein zentrales Betätigungsfeld für die Unternehmens-
leitung betrachtet (vgl. Mayer-Vorfelder 2012). Kreutzer (2018) führt in diesem Zusammenhang sogar explizit den Begriff der Unique Passion Proposition
ein. Dabei geht es darum, das Leistungsangebot – sei es ein konkretes Produkt
oder eine Dienstleistung – in den Augen der Kunden dadurch aufzuwerten, dass
die Leidenschaft der dahinter agierenden Menschen über die unterschiedlichen
Kontaktpunkte hinweg als ein Wettbewerbsvorteil sicht- und erlebbar wird.

2.2   Definition des Begriffs Customer Experience

Obwohl in vielen unterschiedlichen Studien bereits eine Auseinandersetzung mit
der Customer Experience erfolgt ist, mangelt es bisher immer noch an einem
einheitlichen Begriffsverständnis. Eine Übersicht über verschiedene Definitionsansätze bietet Tab. 2.1.

Schnorbus (2016) betont, dass die Customer Experience für den Konsumenten
persönlich relevant sein muss und dass einzelne Kundenkontaktpunkte nicht sepa-
rat bewertet werden, sondern dass vielmehr das ganzheitliche Kundenerlebnis
auf seine Erinnerungswürdigkeit beurteilt wird. Neben der Erinnerungswürdigkeit sollte die Customer Experience auch dadurch gekennzeichnet sein, dass der
Kunde eine Wiederholung anstrebt und das Unternehmen weiterempfiehlt.

Im Sinne einer Zusammenfassung der verschiedenen Ansätze sei folgende
Definition vorgeschlagen:

▶ Unter dem Begriff **Customer Experience** wird die Gesamtheit aller subjektiv
wahrgenommenen direkten und indirekten Interaktionen zwischen einem Konsumenten und einem Anbieter an allen Kundenkontaktpunkten vor, während und
nach dem Kauf sowie deren innerer kognitiver und/oder affektiver Bewertung
verstanden. Eine erfolgreiche Customer Experience zeichnet sich durch ihre
Erinnerungswürdigkeit und den Wunsch nach Wiederholung und Weiter-
empfehlung aus.

Im Unterschied zu früheren Konzepten der „Kundenzufriedenheit" schließt der
Begriff der Customer Experience damit mehrere Prozessphasen ein – also nicht
bloß den Moment der Inanspruchnahme einer Dienstleistung oder eines Produktes, sondern eben auch die vor- und nachgelagerten Erlebnisse, aus denen sich
dann ein Gesamteindruck bildet (siehe Abb. 2.1 sowie vgl. Brakus et al. 2009;
Kruse Brandão und Wolfram 2018).

Tab. 2.1 Definitionsansätze im Überblick. (Quelle: Nach Mayer-Vorfelder 2012, S. 45)

Autoren	Bezeichnung	Definition
Pine und Gilmore 1999, S. 13	Experience	„Experiences are events that engage individuals in a personal way"
Haeckel et al. 2003, S. 18	Total Experience	„(…) the feelings customers take away from their interaction with a firm's goods, services, and atmospheric stimuli"
Schmitt und Mangold 2004, S. 23	Kundenerlebnis	„Kundenerlebnisse sind als private Ereignisse konzipiert, die sich aus Reaktionen auf bestimmte Stimuli (z. B. von Marketingmaßnahmen vor, während und nach dem Kauf) ergeben. Erlebnisse resultieren oft aus direkten Beobachtungen und/oder der Teilnahme an Ereignissen"
Mascarenhas et al. 2006, S. 399	Total Customer Experience	„TCE is a totally positive, engaging, enduring, and socially fulfilling physical and emotional customer experience across all major levels of one's consumption chain and one that is brought about by a distinct market offering that calls for active interaction between consumers and providers"
Gentile et al. 2007, S. 397	Customer Experience	„The customer experience originates from a set of interactions between a customer and a product, a company, or part of its organization, which provoke a reaction. This experience is strictly personal and implies the customer's involvement at different levels (rational, emotional, sensorial, physical, and spiritual). Its evaluation depends on the comparison between a customer's expectation and the stimuli coming from the interaction with the company and its offering in correspondence of the different moments of contact or touch-points"
Meyer und Schwager 2007, S. 118	Customer Experience	„Customer experience is the internal and subjective response customers have to any direct or indirect contact with a company"
Verhoef et al. 2009, S. 32	Customer Experience	„The customer experience construct is holistic in nature and involves the customer's cognitve, affective, emotional, social and physical responses to the retailer. The experience is created not only by those elements which the retailer can control (e.g., service interface, retail atmosphere, assortment, price), but also by elements that are outside of the retailers's control (e.g., influence of others, purpose of shopping"

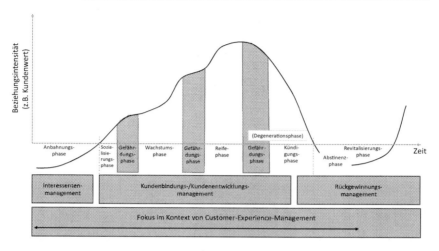

Abb. 2.1 Customer Experience entlang des Kundenlebenszyklus. (Quelle: In Anlehnung an Kreutzer 2018, S. 96)

2.3   Teilbereiche der Customer Experience

Die Customer Experience ist kein isoliertes Ereignis, das an einem bestimmten Ort und zu einer bestimmten Zeit entsteht, sondern bildet sich über den gesamten Kundenlebenszyklus. Dabei lassen sich allerdings unterschiedliche Teilbereiche unterscheiden (vgl. zum Folgenden Bruhn und Hadwich 2012; Leischnig et al. 2012; Schnorbus 2016):

- **Die „Product Experience":** Damit ist ein kundenseitiges Erlebnis gemeint, welches als Reaktion auf ein Produkt entsteht. Dieses Erlebnis kann sowohl bereits bei der Suche als auch beim Ausprobieren am Point of Sales oder aber nach dem Kauf bei der Nutzung des Produktes entstehen (auch Hoch 2002). Die regelmäßige Inszenierung neuer Smartphone-Modelle im Rahmen aufwendiger Produktshows ist ein schönes Beispiel, wie bereits vor der eigentlichen Nutzung durch eine gute Darstellung Emotionen beim Kunden hervorgerufen werden sollen.

- **Die „Service Experience":** Diese bezeichnet vor allem im Kontext von Dienstleistungen das Erleben der Interaktion zwischen Kunde und Dienstleistungsunternehmen, ist aber auch beim reinen Produktverkauf, beispielsweise beim Auftreten eines Reklamationsfalls, relevant.
- **Die „Brand Experience":** Sie bezeichnet die Reaktion eines Kunden auf die Marke bzw. die spezifischen Merkmale der Markenpräsentation, also das Logo, die Markenfarbe sowie die Markenidentität (auch Brakus et al. 2009). In der Literatur wird die Brand Experience teilweise als eigenständiges Erlebniskonzept der Customer Experience gegenübergestellt. Dabei wird argumentiert, dass die Brand Experience das Markenimage widerspiegelt und quasi als Folge der erlebten Customer Experience entsteht (vgl. Schnorbus 2016). Dieser Ansatz wird hier nicht weiter verfolgt, sondern es interessiert vielmehr, inwieweit auch die kognitive und emotionale Reaktion auf den Markenauftritt eine Teilkomponente der Customer Experience ist. Unternehmen wie McDonald's erwecken beispielsweise ihr Markensymbol „Ronald McDonald" zum Leben, um damit gezielt Emotionen zu wecken.
- **Die „Shopping Experience":** Diese bezeichnet das kundenseitige Erlebnis, welches durch unterschiedliche Reize während der Kaufsituation entsteht. Dabei ist es hinsichtlich des Zeitpunkts des Entstehens auf den reinen Kaufprozess beschränkt (ausführlich hierzu: Leischnig et al. 2012). Dieser Bereich ist natürlich gerade für eine Differenzierung im stationären Einzelhandel relevant – Grewal et al. (2009) sprechen hierbei auch von der „Customer Retail Experience". Aber auch im Onlinehandel sind beispielsweise die übersichtliche Gestaltung des Onlineshops oder die Einfachheit des Bezahlvorganges relevante Aspekte der Shopping Experience.
- **Die „Consumption Experience":** Diese fasst das Erlebnis zusammen, das bei der letztendlichen Nutzung des Produktes entsteht. Außer auf den funktionalen Nutzen bezogene Erlebnisse kann das Konsumerlebnis auch hedonistische Merkmale wie Genuss, Spaß, Abwechslung usw. beinhalten (vgl. auch Schnorbus 2016). Zeitlich gesehen ist die „Consumption Experience" in die Nachkaufphase einzuordnen.

In Abb. 2.2 sind die verschiedenen Teilbereiche noch einmal zusammengefasst. Wichtig ist dabei zu betonen, dass alle Teilbereiche gemeinsam die Customer Experience bilden und für ein stimmiges Gesamterleben gleichermaßen berücksichtigt werden müssen. Es reicht dabei nicht aus, nur einen Bereich besonders gut zu gestalten und dafür einen anderen Bereich zu vernachlässigen.

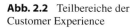

Abb. 2.2 Teilbereiche der
Customer Experience

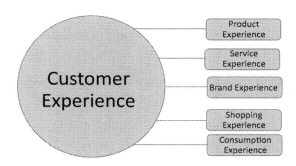

2.4   Erlebnisdimensionen der Customer Experience

Wie angesprochen sind im Hinblick auf die Customer Experience die verschiedenen Eindrücke entlang des gesamten Kundenlebenszyklus kongruent zu gestalten. Ein einzelnes Erlebnis kann dabei wiederum ganz unterschiedliche Sinnesebenen tangieren und zu ganz unterschiedlichen Erlebniseindrücken führen. Bruhn und Hadwich (2012) schlagen vor, sechs Erlebnisdimensionen zu unterscheiden (vgl. auch Gentile et al. 2007; Kreutzer 2018):

- **Eine sensorische Erlebnisdimension,** welche sich durch die Aufnahme von Umweltreizen über die Sinnesorgane ergibt. Mit der gezielten Stimulation der Sinne – Sehen, Hören, Fühlen, Riechen und Schmecken – des Konsumenten durch äußere Reize kann Wohlbefinden, Erregung oder auch Befriedigung bei ihm ausgelöst werden. Mittlerweile wird beispielsweise in fast jedem Parkhaus entspannende Musik über Lautsprecher abgespielt, um so das Parkerlebnis entspannter wirken zu lassen. Ebenso ist der Einsatz von Düften im Einzelhandel sehr beliebt.
- **Eine affektive Erlebnisdimension,** welche sich durch das gezielte Wecken von Emotionen und Stimmungen beim Kunden ergibt. Ein Beispiel für eine Marke, die mit dem gesamten Auftritt auf ein stark emotionales Erlebnis abzielt, ist BMW mit „Freude am Fahren" oder aber auch Kinder Überraschung mit „Spannung, Spiel und Schokolade".
- **Eine kognitive Erlebnisdimension,** welche sich daraus ergibt, dass bestimmte kognitive Vorgänge angeregt werden. So zielte beispielsweise ein früherer Werbespruch der Süddeutschen Zeitung „Schenken Sie Ihren Kindern schlaue Eltern" sehr direkt auf ein kognitives Erlebnis.

- **Eine verhaltensbezogene Erlebnisdimension,** welche sich durch die Vermittlung physischer Erlebnisse ergibt bzw. auf eine Veränderung des Verhaltens sowie eine Veränderung des Lebensstils der Kunden abzielen kann. Dies kann durch die Vermittlung von physischen Erlebnissen oder auch speziellen Interaktionsmöglichkeiten erfolgen.
- **Eine Lifestyle-Erlebnisdimension,** hier ergibt sich für den Kunden das besondere Erlebnis durch die Bestätigung seiner Werte und Meinungen. Ein schöner dazu passender Werbespruch stammt vom Uhrenhersteller Rolex mit „Krönen Sie Ihren Erfolg", insbesondere auch in Verbindung mit der Krone im Markenlogo.
- **Eine soziale Dimension,** bei der sich der Nutzen durch ein besonderes Erleben von Gefühlen der Verbundenheit und Zugehörigkeit des Kunden zu einer bestimmten Gemeinschaft generiert. Eine Firma, die sehr hierauf abzielt, ist GOLFHOUSE mit „Leidenschaft verbindet".

Diese Systematik kann insofern nützlich sein, als sie dazu anregt, im Hinblick auf die Festlegung der eigenen Customer-Experience-Strategie zu überlegen, welche konkreten Erlebnisdimensionen gezielt angesprochen werden sollen.

Brakus et al. (2009) haben untersucht, welche unterschiedlichen Erlebnisse Kunden mit verschiedenen Marken verbinden. In der folgenden Übersicht sind einige Beispiele aus ihren Untersuchungen wiedergegeben, die sehr schön deutlich machen, wie unterschiedlich die verschiedenen Erlebnisdimensionen tatsächlich angesprochen werden.

Beispiele für unterschiedliche Dimensionen der Markenwahrnehmung
- **Abercrombie & Fitch**
  - It's a complete experience when you enter the store.
  - Stimulates me; sexy.
  - It's like a membership in an exclusive, country-clubish community.
- **American Express**
  - It's an interactive experience.
  - Part of luxury, sophistication, and exclusivity.
  - Because of sponsoring activities, I feel fun, excitement, and entertainment.
- **Apple/iPod**
  - I love the touch and feel of the products.
  - I enjoy playing with all the products.
  - I am part of a „smarter" community.

- This brand intrigues me.
- I really feel Apple products go with my way of life.
- I use the iPod when I am jogging, and I exercise more because of the iPod.
- **The Body Shop**
  - Appeals to different senses.
  - I think of topics like animal testing, purity, and wellness.
  - I want to be with people that share the values that the brand promotes.
- **BMW**
  - I feel young; I feel stylish.
  - It's just great to drive.
  - A BMW is the symbol of my success.
- **Disney**
  - Stimulates my senses.
  - I feel like a child; I feel warm and safe; I want to discover things; the brand reminds me to use my imagination.
  - I feel part of the magic.
- **Google**
  - The search is elegant; it creates a mood of playfulness and curiosity.
  - I feel happy and proud because I am „smart" and „in-theknow."
  - With Google, I change the way I organize and interact with information.
- **Home Depot**
  - I did not know anything about construction, but I felt really comfortable.
  - I felt confident and in good hands.
  - Provides the experience that any customer can tackle any home improvement project.
- **MasterCard**
  - Makes me think about precious things in life.
  - I feel more youthful than using American Express or Visa.
  - Initially the „Priceless" campaign was emotive, but it's now simply a way of identifying the brand for me.
- **Nike**
  - Makes me think of how to live an active lifestyle.
  - Makes me feel powerful.
  - I want to work out.
  - I feel inspired to start working out.
  - I feel like an athlete.

- – The store incites me to act, like swing the baseball bat, or put on the running shoes.
- – I enjoy designing my own shoe that perfectly fits my personality.
- **Starbucks**
  - – Smells nice and is visually warm.
  - – It's comfortable and puts me in a better mood.
  - – It's like being around a Barnes & Nobles crowd.
  (Quelle: In Anlehnung an Brakus et al. 2009, S. 56)

3.1 Ziele und Aufgaben eines Customer Experience Managements

Hummel et al. (2012) sind im Rahmen einer empirischen Studie der Frage nach-gegangen, welche konkreten Zielsetzungen Unternehmen mit einem Manage-ment der Customer Experience verfolgen. Dabei zeigte sich, dass die Steigerung von Kundenzufriedenheit, Kundenbindung und -entwicklung, die Erlangung von Differenzierungsvorteilen sowie eine positive Image- und Markenbildung die hauptsächlichen Ziele sind, die mit einem Customer Experience Management verknüpft sind (vgl. Abb. 3.1). Als übergeordnetes Ziel streben die Unternehmen damit zumeist eine Steigerung des Wachstums an. Abweichende Prioritäten betreffen in der Regel Unterziele bzw. ergeben sich aus den spezifischen Heraus-forderungen der Unternehmen (vgl. Hummel et al. 2012).

3.2 Definition zentraler Begriffe des Customer Experience Managements

Im Zusammenhang mit Konzept der Customer Experience haben sich ver-schiedene Fachbegriffe herausgebildet, deren Bedeutungen im Folgenden über-blicksartig zusammengefasst werden (vgl. zum Folgenden Kreutzer 2014, 2018):

▷ **Customer Experience Management** ist als ein Prozess des strategischen Managements aller Kundenerlebnisse an sämtlichen Kundenkontaktpunkten mit einem Anbieter zu verstehen. Wobei es darum geht, einzigartige und außerordent-liche Erlebnisse für den Kunden zu kreieren.

Abb. 3.1 Strategische Ziele eines Customer Experience Managements in der Praxis. (Quelle: In Anlehnung an Hummel et al. 2012, S. 415)

Um die Interaktion des Kunden mit dem eigenen Unternehmen gezielt zu steuern, müssen zunächst die relevanten Kontaktpunkte definiert werden, die ein bestimmter Kunde mit dem Unternehmen durchläuft. In diesem Zusammenhang wird von einer „Customer Journey" gesprochen (vgl. zum Folgenden Kreutzer 2018):

▶ Die **Customer Journey** umfasst alle relevanten Kontaktpunkte eines Kunden von der Bedarfserkennung bis über die Nutzung des Produktes hinaus.

Nicht alle Kunden werden dabei denselben Weg wählen. Daher hat es sich bei der Analyse der Customer Journey bewährt, sogenannte Personas zu unterscheiden (vgl. zum Folgenden Kreutzer 2014, 2018):

▶ Unter **Persona** wird eine konkrete Beschreibung einer Person als personifiziertes Beispiel einer bestimmten Zielgruppe verstanden, die als Grundlage des Customer Experience Managements dient. Diese Personas weisen in der Darstellung spezifische Ziele, Vorlieben und Erwartungen auf und haben auch eine ganz bestimmte Historie sowie typische Verhaltensweisen.

Jede Customer Journey bezieht sich idealerweise auf eine spezielle Persona und damit auf eine ganz konkrete Zielgruppe (vgl. Kreutzer 2018).

Abb. 3.2 Touchpoints entlang des Kundenlebenszyklus. (Quelle: In Anlehnung an Kreutzer 2018, S. 97)

▷ Unter **Customer-Touchpoints** sind die ganz konkreten Berührungspunkte eines (potenziellen) Kunden mit einem Anbieter zu verstehen.

Bei der Benennung der Touchpoints gilt es, die gesamte Bandbreite der – online wie auch offline – persönlichen sowie medial vermittelten Kommunikationssituationen abzubilden. Also sowohl persönliche Kontakte zu Mitarbeitern als auch Kontakte über Websites, Apps, Blogs oder Werbung im TV oder in Magazinen. Letztendlich besteht die Interaktion aus einem Channel-Mix und muss ohne wahrnehmbare „Brüche" erfolgen. Niederhagen (2019) weist darauf hin, dass die Erfüllung des Marken- und Leistungsversprechens nur dann gesichert wird, wenn das Unternehmen weltweit kundenorientiert, einheitlich und mit abgestimmten Vorgehensweisen, Strategien, Kompetenzen, Tools und Prozessen als ein Team auftritt.

In der Abb. 3.2 sind einige Beispiele für Touchpoints wiedergegeben. Dabei ist auch dargestellt, dass Kunden im Zeitverlauf zwischen den Online- und Offline-Kanälen hin und her wechseln können (vgl. Kreutzer 2018).

3.3   Zusammenhang zwischen Kundenerlebnis und Kundenzufriedenheit

Als eine zentrale Zielsetzung für das Customer Experience Management wurde die Steigerung der Kundenzufriedenheit benannt. In diesem Zusammenhang ist es wichtig anzumerken, dass die Zufriedenheit immer in Abhängigkeit von

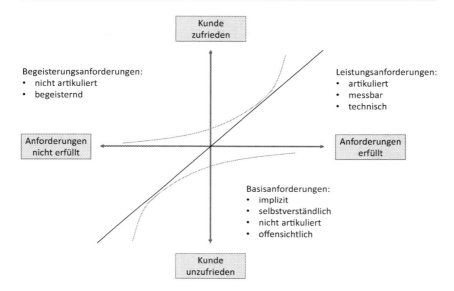

Abb. 3.3 Das Kano-Modell der Kundenzufriedenheit. (Quelle: In Anlehnung an Bruhn 2016)

unterschiedlichen Erwartungen entsteht. Ein Modell, welches den Zusammenhang zwischen Kundenerlebnis und Kundenzufriedenheit in Abhängigkeit von Erwartungen (Anforderungen) beschreibt, ist das sogenannte Kano-Modell (vgl. zum Folgenden Bruhn 2016; Nerdinger 2011; Schnorbus 2016; siehe auch Abb. 3.3). In dem Modell werden fünf verschiedene Kundenanforderungen unterschieden:

1. **Basisanforderungen (auch i. S. von Hygienefaktoren):** Damit sind Anforderungen gemeint, die für Kunden selbstverständlich sind und ihnen erst bewusst werden, wenn sie nicht erfüllt werden. In diesem Sinne handelt es sich um „Muss-Kriterien", die implizit erwartet werden. Eine Nicht-Erfüllung führt zu Unzufriedenheit, während eine Differenzierung oder auch Steigerung der Kundenzufriedenheit durch die Erfüllung dieser Anforderungen nicht möglich ist. Die Erfüllung wird schlicht vorausgesetzt. Zu diesen Basismerkmalen zählt etwa das Funktionieren eines Bezahlsystems im Online-Handel.
2. **Leistungsanforderungen:** Damit sind Anforderungen gemeint, die – im Gegensatz zu Basisanforderungen – explizit von Kunden verlangt werden und Einfluss auf deren Zufriedenheit haben. In diesem Sinne handelt es sich um „Soll-Kriterien". Zu diesen Leistungsanforderungen zählen etwa eine

besonders freundliche Begrüßung in einem Restaurant, die Pünktlichkeit im Bahnverkehr oder auch eine gute Beratung im Versicherungsbereich.

3. **Begeisterungsfaktoren (unerwartete Zusatzleistungen):** Damit sind Merkmale gemeint, die in der Lage sind, Kunden zu begeistern. Sie stiften tatsächlichen oder zumindest gefühlten Mehrwert. Ist ein solches Begeisterungsmerkmal vorhanden, kann dies zu einer überproportionalen Steigerung der Qualitätswahrnehmung führen. Begeisterungsfaktoren werden allerdings nicht vorausgesetzt und ihr Fehlen schafft auch keine Unzufriedenheit. In diesem Sinne handelt es sich um „Kann-Kriterien". Nerdinger (2011) führt hierzu folgendes Beispiel an: Besucht ein Gast nach einiger Zeit ein Restaurant zum zweiten Mal und wird dabei vom Kellner erkannt, führt dies zumeist zu einer angenehmen Überraschung. Erinnert sich der Kellner dann auch noch an den Lieblingswein, kann dies Begeisterung auslösen. Wird der Gast aber nach längerer Zeit nicht wiedererkannt, haben die meisten Kunden dafür Verständnis.

4. **Unerhebliche Merkmale:** führen weder zu Zufriedenheit noch zu Unzufriedenheit, unabhängig davon, ob sie vorhanden sind oder nicht.

5. **Rückweisungsmerkmale:** Existieren diese Merkmale, führen sie zu Unzufriedenheit, ohne dass deren Fehlen zu Zufriedenheit führt. Beispiel: Flecken auf einer Tischdecke im Restaurant.

Unternehmen sollten mithilfe einer guten Analyse der Kundenerwartungen in Abstimmung mit der gewählten Positionierungsstrategie überlegen, in welchen Bereichen das Potenzial zur Schaffung einer begeisternden Customer Experience liegt. Dabei sind zuerst jedoch grundsätzlich die Basisanforderungen zu erfüllen. Gelingt es dann noch, die Kundenbedürfnisse besser als erwartet oder auch durch vom Kunden nicht erwartete Zusatzleistungen zu erfüllen, sind eine hohe Kundenzufriedenheit und -begeisterung wahrscheinlich. Für eine nachhaltige Wirkung auf die Customer Experience sind diese Erlebnisse längerfristig und in konsistenter Form zu vermitteln (vgl. Esch 2015; Kreutzer 2018). Ein Problem ist allerdings, dass es im Falle wiederholter sehr positiver Erfahrungen zu einem Gewöhnungseffekt kommen kann (sogenannte Erwartungs-Wahrnehmungs-Spirale) (vgl. Nerdinger 2003, 2011). Insofern ist eine mögliche Veränderung der Kundenerwartungen zu berücksichtigen und eine Analyse der Kundenerwartungen von Zeit zu Zeit zu wiederholen.

Schnorbus (2016) merkt zudem an, dass Kunden, die lediglich angeben, zufrieden zu sein, sich noch nicht unbedingt loyal verhalten. Zur Erzielung von Loyalität bedarf es der Kundenbegeisterung, denn über alle Maße zufriedene Kunden kaufen sechsmal häufiger als lediglich zufriedene Kunden erneut beim selben Anbieter (vgl. auch Jones und Sasser 1995).

Umsetzung eines Customer Experience Managements 4

4.1 Aufgaben im Überblick

Nach den verschiedenen einführenden Anmerkungen zu den Hintergründen sei nun der Blick auf die Umsetzung eines Managements der Customer Experience in der unternehmerischen Praxis gelenkt. Dabei sind unterschiedliche Aufgaben zu bewältigen, welche idealtypisch wie folgt untergliedert werden können:

- Analyse und Festlegung strategischer Ziele
- Beschreibung der aktuellen Customer Journey
- Bewertung der aktuellen Customer Experience
- Ableitung und Umsetzung von Maßnahmen
- Kontrollmessung der Customer Experience

Im Folgenden werden die einzelnen Aufgabenbündel näher beschrieben. Dabei sei angemerkt, dass die Darstellung eines Customer Experience Managements im Sinne derartiger Phasen natürlich sehr vereinfacht ist. In der Praxis lassen sich die einzelnen Arbeitsschritte oftmals nicht so klar trennen und verlaufen in der Regel auch nie in dieser idealisierten Abfolge. Vielmehr ist es völlig normal, dass sich im Rahmen der Kontrollmessung zeigt, dass Annahmen aus der Analysephase noch einmal überdacht werden müssen, und dann die bisherigen Schritte nochmal wieder ganz neu aufgerollt werden.

© Springer Fachmedien Wiesbaden GmbH, ein Teil von Springer Nature 2019
A. Tiffert, *Customer Experience Management in der Praxis,* essentials,
https://doi.org/10.1007/978-3-658-27331-6_4

4.2 Analyse und Festlegung strategischer Ziele

In der Analysephase gilt es, das Marktumfeld zu analysieren und darauf aufbauend eine klare Entscheidung über die Marktpositionierung des Unternehmens zu treffen. In diesem Zusammenhang sind entsprechende Erlebnisziele als Positionierungsziele festzulegen.

Für die Analyse des Marktumfeldes sind eine Reihe unterschiedlicher Instrumente denkbar (vgl. Nagel und Wimmer 2014). Eines der gängigen Verfahren ist die sogenannte Stakeholderanalyse. Dabei ist zu überlegen, welche Organisationen, Personengruppen oder auch Einzelpersonen einen Einfluss auf das Unternehmen haben können und welche diesbezüglichen Erwartungen an das Unternehmen bestehen. Im Rahmen einer Stakeholderanalyse sind beispielsweise die Fragen zu beantworten: Wer und was beeinflusst heute sowie künftig den Erfolg des Unternehmens? Welche Anforderungen an das Unternehmen und Erwartungen resultieren hieraus? Wie groß ist dieser Einfluss?

Im Ergebnis der Analyse sind die Ziele für die Marktpositionierung festzulegen. In strategischer Hinsicht gilt es dabei, ein übergeordnetes Erlebnismotiv festzulegen – im Sinne eines Leit-Erlebnismotives. Dazu sollten u. a. diese Fragen beantwortet werden: Was sollen die verschiedenen Stakeholder über uns sagen? Was ist die Kernidee im Hinblick auf die Positionierung am Markt? Durch welches ganz spezielle Kundenerlebnis möchten wir uns als Unternehmen auszeichnen?

4.3 Beschreibung der aktuellen Customer Journey

Im nächsten Schritt gilt es, den Status quo der aktuellen Customer Journey zu betrachten und im Hinblick auf das bisherige Kundenerlebnis zu bewerten.

Die Darstellung der aktuellen Customer Journey erfolgt durch die Zusammenstellung der verschiedenen Kontaktpunkte, welche ein Kunde heute durchläuft. Dazu ist zunächst festzulegen, für welche Kundengruppe die Customer Journey jeweils untersucht werden soll. Hierbei kommen wieder die sogenannten Personas ins Spiel – also konkret beschriebene Beispielkunden, die eine bestimmte Kundengruppe repräsentieren. In der Praxis hat es sich bewährt, für drei Kundengruppen eine entsprechende Untersuchung durchzuführen (vgl. Oberholzer und Eichholzer 2017). Zu wenig Unterscheidung bei den Kundengruppen führt eher zu einer durchschnittlichen Betrachtung und damit auch nur zu durchschnittlichen Ergebnissen, zu viele Unterscheidungen sind aus praktischen Gründen nicht umsetzbar (vgl. Oberholzer und Eichholzer 2017).

Ist klar definiert, für welche Kundengruppe die Customer Journey beschrieben werden soll, ist zu überlegen, in welchen Schritten und an welchen Touchpoints der Kunde heute bereits im Kontakt mit dem Unternehmen, seinen Produkten sowie Dienstleistungen steht. Dieser Punkt sollte nicht zu oberflächlich gedacht werden. Kreutzer (2018) betont, dass viele Unternehmen ihre Customer-Touchpoints gar nicht kennen bzw. die Anzahl der aus Kundensicht relevanten Berührungspunkte regelmäßig unterschätzen (siehe hierzu auch die Übersicht weiter unten).

Zur Durchführung der näheren Beschreibung der Customer Journey haben sich verschiedene grafische Ansätze etabliert. Ein gängiges Verfahren ist die Customer Journey Map (vgl. Schnorbus 2016): Dabei werden die Kontaktpunkte visualisiert, die ein Kunde vor, während und nach der Inanspruchnahme einer Leistung des Anbieters durchläuft. Die gleichen Kontaktpunkte können dabei mehrmals an verschiedenen Stellen auftreten, etwa die Nutzung einer Bewertungsplattform. Neben den Kontaktpunkten werden in der Customer Journey Map ebenfalls die Kanäle, über die die Interaktion stattfindet, aufgeführt. Für die Ermittlung von sogenannten Pain- und Pleasure-Points können in einer Customer Journey Map auch die Kundenerwartungen, die tatsächlichen Erfahrungen sowie die Emotionen pro Kontaktpunkt dargestellt werden.

Im Hinblick auf die ganz praktische Durchführung eines Customer Journey Mappings gibt es mittlerweile eine ganze Reihe von Softwareprodukten (vgl. Gilliam 2017). Eines dieser Produkte ist das Programm Smaply (Website: www. smaply.com). Das Programm hilft, die grundsätzlichen Entscheidungsschritte auf Kundenseite in einer Übersicht darzustellen. Je nach Fragestellung können in zusätzlichen Ebenen dann beispielsweise die Erwartungen der Kunden, ihre Zufriedenheit, der Mix unterschiedlicher Kanäle sowie unterschiedlich involvierte Abteilungen dargestellt werden.

Neben den Kontaktpunkten, die im direkten Einflussbereich des eigenen Unternehmens liegen, sollten auch die relevanten Touchpoints berücksichtigt werden, die vornehmlich durch Kooperationspartner mitgestaltet werden (vgl. Kreutzer 2014, 2018).

Ergebnisse einer Studie zum Stand des Touchpoint-Managements
- Unternehmen müssen heute vielfach zwischen 100 und 600 Touchpoints orchestrieren.
- Die wichtigsten Touchpoints stellen mit 32 % die Mitarbeiter dar, gefolgt von Produkttests (24 %), Suchmaschinen (21 %) und Werbung (20 %).

- Neun von zehn Unternehmen kreieren für die Kunden kein dauerhaftes kommunikatives Gesamterlebnis über alle Kanäle.
- In vielen Unternehmen ist die Verantwortlichkeit für das Management der Touchpoints nicht sauber geregelt – mit der Konsequenz, dass diese häufig nicht ausreichend miteinander vernetzt sind.
- Die Konsequenz: 80 % der hier untersuchten Unternehmen gelingt keine Differenzierung im Wettbewerb durch ihren Auftritt an den unterschiedlichen Customer-Touchpoints!
(Quelle: Reidel 2015; zitiert nach Kreutzer 2018, S. 107).

Um die relevanten Touchpoints aufzuspüren, kann folgenden Fragen nachgegangen werden: Was wissen wir über die Entscheidungsprozesse unserer Kunden? Auf welchem Wege nehmen unsere Kunden mit uns Kontakt auf? Wie geht es dann weiter? Wie läuft der Verkaufs- und Serviceprozess ab, wie geht es danach weiter? Welche Prozessbeschreibungen haben wir und wird sich daran gehalten? Was passiert nach dem Verkauf und der Leistungserstellung? Wann hört der Kunde wieder von uns?

Im Rahmen von abteilungsübergreifenden Workshops ist es sehr gut möglich, die relevanten Touchpoints herauszuarbeiten. Allerdings sollten zur Absicherung der Annahmen idealerweise auch reale Kunden befragt werden.

4.4   Bewertung der aktuellen Customer Experience

Sind die verschiedenen Touchpoints ermittelt und als Customer Journey beschrieben, gilt es herauszufinden, welche Kontaktpunkte für den Kunden besonders relevant sind und worauf das Unternehmen einen besonderen Fokus legen sollte. Kreutzer (2018, S. 108) unterscheidet hierbei verschiedene „Moments of Truth", die für das Customer Experience Management relevant sein können:

- **Zero Moment of Truth (ZMOT):** der Moment, in dem ein Kunde vom Produkt erfährt bzw. im Internet im Rahmen der Vorkaufphase zu dem Produkt recherchiert.
- **First Moment of Truth (FMOT):** der Moment, in dem ein Kunde ein Produkt das erste Mal in Augenschein nimmt. Hier kommt es zu einem ersten Abgleich von Erwartungen, welche durch Werbung oder Empfehlung von anderen aufgebaut wurden.

- **Second Moment of Truth (SMOT):** der Moment, in dem ein Kunde ein Produkt oder eine Dienstleistung tatsächlich nutzt. Hier zeigt sich, ob sich die im Vorfeld aufgebauten Erwartungen auch tatsächlich bestätigen.
- **Third Moment of Truth (TMOT):** der Moment, in dem ein Kunde in sozialen Medien oder auf anderen Kommunikationswegen über seine Erfahrungen berichtet. Hier beginnt wiederum der ZMOT für andere Konsumenten.

Im Zeitalter des Internets kommt insbesondere dem ZMOT eine besondere Bedeutung zu. Durch Informationen aus Blogs und Kommentaren bei Facebook, Amazon oder auch Twitter ist „Selbstbedienung in fremden Erfahrungen" (Kreutzer 2018, S. 109) möglich. Dementsprechend kann der potenzielle Käufer sich noch vor dem ersten Kontakt mit einem Mitarbeiter des Unternehmens einen ersten Eindruck verschaffen.

Im weiteren Verlauf gilt es, im Rahmen einer Kontaktpunkt-Erlebnisbewertung Hinweise auf mögliche Entwicklungsfelder zu bekommen. Die Betrachtung sollte sich dabei auf die Touchpoints konzentrieren, die von besonderer Bedeutung für ein ganzheitliches Kundenerlebnis sind. Zudem sind bei der Bewertung der einzelnen Erlebniskontaktpunkte sowohl funktionale Erlebniseindrücke als auch emotionale Eindrücke zu berücksichtigen (siehe Abschn. 2.4).

Um das bisherige Kundenerlebnis zu bewerten, kann folgenden Fragen nachgegangen werden: Wie nimmt der Kunde (bewusst/unbewusst) den jeweiligen Kontakt wahr? Wie fühlt sich der Kunde dabei und warum? Inwieweit passt der vermittelte Eindruck zu unserer Positionierung? Wann ist der Kunde zufrieden, wann ist er begeistert?

Im Rahmen von abteilungsübergreifenden Workshops ist es auch hier sehr gut möglich, den Status quo der Customer Experience zu visualisieren. Zur Absicherung der Annahmen sollten idealerweise auch reale Kunden befragt werden.

4.5   Ableitung und Umsetzung von Maßnahmen

Vor dem Hintergrund der bisherigen Kundenerlebnisse sind im Abgleich zur Zielsetzung nun sogenannte Pain- und Pleasure-Points zu ermitteln. Also Kontaktpunkte, an denen es bereits gut oder eben auch nicht gut läuft. Darauf aufbauend sind für die kritischen Punkte gezielte Maßnahmen zu überlegen, um das zentrale Erlebnismotiv über die gesamten Kontaktpunkte konsistent erlebbar zu machen.

Welche Maßnahmen und Instrumente dabei im Detail geeignet sind, hängt natürlich sehr von der jeweiligen Unternehmenssituation ab. Mayer-Vorfelder

(2012) hat im Rahmen einer qualitativen Studie am Beispiel von Weight Watchers (Programme für das gezielte Abnehmen) unterschiedliche Treiber für eine Kundenerfahrung identifiziert. Um einige Anregungen für die ganz eigene Gestaltung der Customer Journey zu geben, sind diese in Abb. 4.1 zusammengefasst. Die hier benannten Treiber sind noch weiter dahingehend differenziert, ob sie der Kategorie „Produkt" (bzw. Konzept) oder „Interaktion" zugeordnet werden können. Die identifizierten Treiber beziehen sich zwar auf eine recht spezielle Dienstleistung, allerdings lassen sie sich auch gut auf andere Dienstleistungsbereiche übertragen und stellen für Unternehmen somit erste Ansatzpunkte zum Management und zur Gestaltung positiver Kundenerfahrung dar (vgl. Mayer-Vorfelder 2012).

In Rahmen der Umsetzungsphase sind nun die strukturellen, aber auch operativen Voraussetzungen zu schaffen, um die entwickelten Ansätze gezielt umzusetzen. Dazu gilt es u. a., die interne Unternehmensstruktur so zu gestalten, dass die Umsetzung der geplanten Maßnahmen möglich wird. Das bedeutet, es muss überprüft werden, ob die bisherige Ausgestaltung der Unternehmensstruktur konsistent ist und vor allem auch zu dem passt, was als Zielbild formuliert wurde. Die Positionierungsstrategie bildet quasi den notwendigen Referenzrahmen für eine zielgerichtete Ausgestaltung der Unternehmensstruktur.

Um die Anpassung der Unternehmensstruktur für die praktische Arbeit greifbar zu machen, hat es sich bewährt, verschiedene Strukturelemente zu unterscheiden. Nagel (2017) definiert in seinem Ansatz insgesamt sieben Strukturelemente, welche im Zusammenspiel als „die" Unternehmensstruktur verstanden werden können (vgl. Tiffert 2019). Entsprechend ihrer Umwelt definiert eine Organisation ihre Strategie, die Strategie ist wiederum der Referenzrahmen für alle weiteren Ausgestaltungen der Strukturelemente.

In der Abb. 4.2 sind diese Strukturelemente zusammenfassend dargestellt.

Im Rahmen der Umsetzung ist zu überlegen, wie alle diese Elemente in ihrer Ausgestaltung zum Zielbild im Hinblick auf die Customer Experience passen bzw. die Umsetzung der definierten Maßnahmen ermöglichen. Die sich aus diesen Überlegungen ergebenden Handlungsfelder sind zu priorisieren und auf den passenden Wegen umzusetzen. Oftmals handelt es sich hierbei um den Beginn eines umfangreichen Veränderungsprozesses, bei dem zentrale Strukturelemente angepasst werden (weitere Ausführungen hierzu bei Tiffert 2019).

Neben der Justierung der internen Strukturen muss oftmals das Zusammenspiel mit Partnerorganisationen angepasst werden. Beispielsweise ist sicherzustellen, dass die Umsetzung von Dienstleistungen, die durch externe Partner erbracht werden, auch zum eigenen Leistungsversprechen passt.

Kundenkontaktpunkt		Internetauftritt	Telefon-Hotline	Empfang/Anmeldung	Beginn Leistungsinanspruchnahme	Kernleistung	Dienstleistungsbegleitende Produkte	Elektronische Kommunikationskanäle
Treiber positiver Kundenerfahrungsbeiträge	Interaktion		• Auskunftsfähigkeit der Mitarbeiter • Höflichkeit und Empathie • Hoher Servicelevel	• Mitarbeiterkompetenz • Dienstleistungsadäquate Kunden-zu-Kunden-Interaktion	• Mitarbeiterkompetenz • Dienstleistungsadäquate Kunden-zu-Kunden-Interaktion	• Mitarbeiterkompetenz • Dienstleistungsadäquate Kunden-zu-Kunden-Interaktion		• Problemlösungskompetenz • Freundlichkeit und Einfühlungsvermögen • Reaktionsgeschwindigkeit
	Produkt	• Vollständigkeit • Informationsangebot • Strukturierung des Informationsangebots • Aufbau und Gestaltung		• Dienstleistungskonzept	• Dienstleistungskonzept	• Dienstleistungsergebnis • Dienstleistungskonzept	• Auswahl und Verfügbarkeit des Sortiments • Unterstützung bei Inanspruchnahme der Kernleistung	

Abb. 4.1 Treiber positiver Customer Experience. (Quelle: In Anlehnung an Mayer-Vorfelder 2012, S. 214)

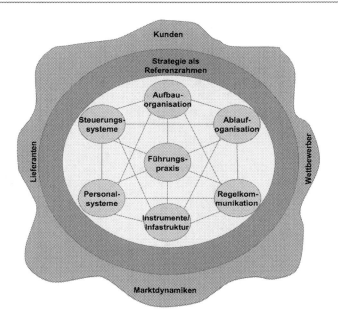

Abb. 4.2 Unterschiedliche Elemente der Unternehmensstruktur. (Quelle: In Anlehnung an Nagel 2017)

4.6 Kontrollmessung der Customer Experience

Um den Umsetzungserfolg abschließend zu bewerten, sind differenzierte Kundenerlebnismessungen durchzuführen. Abhängig davon, wie die Customer Experience in dem jeweiligen Fall definiert wurde und welche kritischen Kundenkontaktpunkte herausgearbeitet wurden, sind unterschiedliche Messansätze sinnvoll.

Grundsätzlich ist dabei zunächst zu definieren, welche konkreten Erlebnisdimensionen auf Kundenseite ausgelöst werden sollten. Im nächsten Schritt gilt es, diese Dimensionen durch verschiedene einzelne Indikatoren messbar zu machen. Dann muss überlegt werden, welche Instrumente dazu geeignet sind, die Ausprägung der Indikatoren zu erfassen.

Zur Messung gewöhnlicher Kontakterlebnisse nach einem Kauf bieten sich beispielsweise direkte Kundenbefragungen an. Weitere Messmethoden sind in Tab. 4.1 aufgeführt.

Tab. 4.1 Messmethoden an verschiedenen Kundenkontaktpunkten. (Quelle: Bruhn und Hadwich 2012, S. 25)

Phase im Konsumprozess	Kundenkontaktpunkte	Messmethoden
Vor dem Konsum	Werbung	Beobachtende Verfahren
	Markenforen	Quantitative Häufigkeits-abschätzungen
	Blogs und Communities	Direkte Kundenbefragung
	Massenmedien	Fokusgruppeninterview
	TV-/Presseberichte	U. a. m.
	Verpackungen	
	Weiterempfehlung durch Freunde/Bekannte	
	U. a. m.	
Während des Konsums	Persönliches Beratungs-/Verkaufsgespräch	Quantitative Häufigkeits-abschätzung
	Telefonische Hotline	Blueprint
	Schrift-/E-Mail-Verkehr	Critical Incident Technique
	Produktverwendung	Beobachtende Verfahren
	Persönlicher Dialog auf Messen und Events	Direkte Kundenbefragung
	U. a. m.	Fokusgruppeninterview
		U. a. m.
Nach dem Konsum	Beschwerdemanagement (persönlich/unpersönlich)	Sequenzielle Ereignis-methode
	Markenforen, Social-Media-Plattformen	Critical Incident Technique
	U. a. m.	Direkte Kundenbefragung
		Fokusgruppeninterview
		U. a. m.

4.7   Einflussfaktoren auf das Customer Experience Management

Die Kundenerlebnisse über alle relevanten Kontaktpunkte hinweg ganz genau zu planen, ist unmöglich. Vielmehr sollte man sich bewusst sein, dass es eine Reihe von Einflussfaktoren gibt, welche sich auf die Customer Experience auswirken. Grundsätzlich können dabei fünf Kategorien von Determinanten unterschieden werden (vgl. zum Folgenden Bruhn und Hadwich 2012):

1. **Kundenbezogene Determinanten,** welche sich wiederum in intra- und interpersonale Determinanten unterscheiden lassen. Intrapersonale Determinanten sind Einflussfaktoren, welche als in der jeweiligen Person liegend betrachtet werden. Hierzu können beispielsweise Alter und Geschlecht zählen. Interpersonale Determinanten bezeichnen Einflussfaktoren, die zwischen mehreren Personen wirksam werden können. Dies können beispielsweise die Interaktionen mit anderen Kunden sein.
2. **Unternehmensbezogene Determinanten** sind die Einflussfaktoren, welche durch das Unternehmen selbst beeinflusst werden können. Ganz typisch ist hier beispielsweise die Freundlichkeit des Service-Teams, was sich in der Regel positiv auf die Customer Experience auswirkt.
3. **Leistungsbezogene Determinanten,** welche auf die Funktionalität und damit auf die Qualität der Leistung bzw. der Leistungsmerkmale zielen. Eine hohe Qualität sowie Einzigartigkeit des Produktes beispielsweise werden das Kundenerlebnis vermutlich verbessern.
4. **Situative Determinanten,** welche in der jeweiligen Situation auch sehr spontan auftreten können. Das überraschende Auftauchen eines guten Bekannten im Verkaufsmoment kann zu einem gesteigerten positiven Erlebnis führen, während Zeitdruck es vermutlich eher erschweren wird, ein positives Kundenerlebnis zu schaffen. Aber auch Rabattaktionen anderer Unternehmen können als situative Determinanten betrachtet werden und das Kundenerlebnis beeinflussen.
5. **Umfeldbezogene Determinanten** sind Einflussfaktoren, bei denen es nicht um die Inanspruchnahme eines Produktes oder einer Dienstleistung selbst geht, sondern die eher als allgemeine Kontextbedingungen das Kundenerlebnis beeinflussen. Im Einzelhandel kann hierzu beispielsweise die Parksituation oder auch die Ladengestaltung zählen. Ganz allgemein kann aber auch die wirtschaftliche Lage als Erlebnisdeterminante betrachtet werden.

In der Abb. 4.3 sind die verschiedenen Kategorien von Einflussfaktoren mit weiteren konkreten Beispielen zusammengefasst.

Kundenbezogene Determinanten	Unternehmensbezogene Determinanten	Leistungsbezogene Determinanten	Situative Determinanten	Umfeldbezogene Determinanten
Intrapersonal:	• Freundlichkeit des Servicepersonals	• Komplexität des Produkts	• Zeitdruck	• Konjunkturelle Situation
• Einstellung	• Zuverlässigkeit des Servicepersonals	• Preisniveau	• Präsenz von anderen Kunden	• Gesellschaftliche Entwicklungen
• Involvement	• Räumlichkeiten	• Qualitätsniveau	• Präsenz von Bezugsgruppen	• Technologische Möglichkeiten
• Offenheit	• Technologien	• Produktvielfalt	• Soziales Umfeld	• Rechtliche Rahmenbedingungen
• Persönlichkeitsstruktur	• Sortiment Produkt-/ Serviceangebot	• Einzigartigkeit des Produkts	• Atmosphäre	• Serviceumgebung
• Alter	• Interaktionsgrad mit dem Kunden	• Markenstärke	• Rabattaktionen	• Ladengestaltung
• Geschlecht	• Grad der Customization	• Einsatz von Technologien	• U.a.m.	• U.a.m.
• u.a.m.	• U.a.m.	• Angebot von Events		
Interpersonal:		• Clubs		
• Zugehörigkeit zu einer Bezugsgruppe/ sozialen Schicht		• Erlebniswelten		
• Interaktionen mit anderen Kunden		• Räumliches Erlebnisumfeld		
• Interaktionen mit dem Personal		• U.a.m.		
• U.a.m.				

Abb. 4.3 Determinanten der Customer Experience im Überblick. (Quelle: Bruhn und Hadwich 2012, S. 18)

Aus Sicht des Unternehmens sollten die Möglichkeiten einer gezielten Steuerung des Kundenerlebnisses daher realistisch betrachtet werden: Am Ende hat man es nicht allein in der Hand, welcher Eindruck sich beim Kunden bildet. Allerdings kann durch ein professionelles Vorgehen versucht werden, die Eindrucksbildung positiv zu beeinflussen. Dazu muss das Unternehmen die notwendigen Bedingungen schaffen, um positive Erlebnisse aufseiten des Kunden zu ermöglichen – eine Garantie, dass dies jedes Mal klappt, gibt es allerdings nicht (vgl. Kreutzer 2018).

Fallvignetten aus der Unternehmenspraxis

5

5.1 Überblick über Themenstellungen

Um die vorherigen Ausführungen im Hinblick auf die ganz konkrete Umsetzung im Unternehmensalltag zu illustrieren, werden im Folgenden drei Fallvignetten vorgestellt. An ihnen wird beispielhaft beschrieben, wie Unternehmen mit dem Thema Customer Experience Management umgegangen sind bzw. die Ideen des Ansatzes für sich genutzt haben. Im Fokus stehen dabei die folgenden Themen:

- Fallvignette 1: Entwicklung eines Zielbilds für die Customer Experience
- Fallvignette 2: Überprüfung der bisherigen Unternehmensstruktur
- Fallvignette 3: Visualisierung und Evaluierung der Customer Journey

Die dargestellten Fallvignetten sind jeweils Ausschnitte aus eigenen Beratungsprojekten. Zum Schutz der Anonymität der Unternehmen sind die Darstellungen ihrer Umstände so weit verfremdet, dass kein Rückschluss auf die Identität der Unternehmen möglich ist.

5.2 Fallvignette 1: Entwicklung eines Zielbilds für die Customer Experience

5.2.1 Hintergrund zum Unternehmen

Das Unternehmen in diesem Fall ist ein international tätiger Zulieferer für den Maschinen- und Anlagenbau. Die Zentrale des Unternehmens hat ihren Sitz in Frankreich. Von hier aus werden alle grundsätzlichen Entscheidungen zur strategischen Ausrichtung vorgegeben.

© Springer Fachmedien Wiesbaden GmbH, ein Teil von Springer Nature 2019
A. Tiffert, *Customer Experience Management in der Praxis,* essentials,
https://doi.org/10.1007/978-3-658-27331-6_5

Die deutsche Vertriebsniederlassung, um die es an dieser Stelle geht, hat die Aufgabe, die Bearbeitung des deutschen Marktes strategisch zu planen und eigenverantwortlich umzusetzen.

In den vergangenen Monaten ist es aufgrund von Lieferengpässen immer wieder zu Kundenbeschwerden gekommen. Vor allem Verzögerungen bei den Lieferzeiten, aber auch Probleme im Hinblick auf die Produktqualität wurden moniert. Daher wurde entschieden, das Thema Customer Experience explizit in den Blick zu nehmen.

5.2.2 Projektidee

Im Vorfeld der Projektanfrage hatte das deutsche Managementteam eher zufällig auf einem Vertriebskongress einen Vortrag über das Thema Customer Experience gehört. Vor allem die Idee, die Kundenbearbeitung ganzheitlich zu denken, hat das Managementteam angesprochen.

Noch recht unspezifisch entstand daraus die Idee, die Marktbearbeitung im Hinblick auf eine „High Customer Experience" weiterzuentwickeln. Entsprechend allgemein war zunächst auch die Suche nach einer Begleitung durch ein Beratungsunternehmen.

Bei einer vertiefenden Auftragsklärung zeigte sich sehr schnell, dass eine hohe Abhängigkeit von der französischen Muttergesellschaft besteht und von Deutschland aus kein direkter Einfluss auf die Lieferverfügbarkeit sowie Produktqualität genommen werden kann. Diese Faktoren mussten daher als zentrale, aber im Rahmen dieses Projekts nicht veränderbare Einflussfaktoren akzeptiert werden.

Weiterhin zeigte sich, dass im Managementteam die Vorstellungen über den Zielzustand sehr weit auseinandergingen. Es herrschte keine Einigkeit darüber, wie die Erlebnisqualität aussehen sollte, um Kunden nachhaltig zu begeistern. Auch bei den Mitarbeitern im Unternehmen fehlte ein gemeinsames Verständnis in puncto Kundenbearbeitung. Es stellte sich heraus, dass die einzelnen Unternehmensbereiche – wie etwa Außendienst, Projektentwicklung und Innendienst – die Kundenbearbeitung nach ihren ganz eigenen Prämissen organisierten. Eine bereichsübergreifende Abstimmung in kritischen Situationen – beispielsweise bei den beschriebenen Lieferproblemen – erfolgte nicht. Vielmehr wurde versucht, die Verantwortung für Kundenbeschwerden von einem Bereich zum anderen zu „schieben". Das Managementteam nannte dies „Inseldenken".

Um eine einheitliche Strategie zur Steigerung der Customer Experience zu entwickeln, wurde beschlossen, zunächst ein Zielbild zu erarbeiten. Dafür sollte als Erstes das Marktumfeld des Unternehmens näher beleuchtet werden, um die besonderen Erwartungen der relevanten Stakeholder vertiefend zu ermitteln. Darauf aufbauend sollte dann überlegt werden, in welcher konkreten Richtung die Kundenbearbeitung systematisch weiterentwickelt werden sollte.

5.2.3   Vorgehensweise

Generell gibt es verschiedene Möglichkeiten, die Erwartungen von Stakeholdern systematisch zu reflektieren (vgl. zur Methode der Stakeholderanalyse Nagel 2014). In diesem Projekt wurde ein Vorgehen gewählt, welches Elemente aus dem Ansatz der Organisationsaufstellung beinhaltet und in kurzer Zeit einen guten Überblick über unterschiedliche Perspektiven verschafft.

Zunächst wurden unterschiedliche Stakeholder identifiziert und dann diejenigen ausgewählt, die näher betrachtet werden sollten. In unserem Fall handelte es sich dabei beispielsweise um die Gruppe der Bestandskunden, mit denen das Unternehmen regelmäßig zusammenarbeitete und auch künftig intensiv zusammenarbeiten wollte. Zur Konkretisierung der Kundengruppen wurden Personas entwickelt (vgl. Abschn. 3.2).

Parallel dazu wurden Fragen formuliert, welche in der weiterführenden Reflexion dazu dienen sollten, die spezifischen Erwartungen der jeweiligen Kunden an das Unternehmen herauszuarbeiten. Beispielfragen waren: Was ist ihnen wichtig? Warum arbeiten sie mit diesem Unternehmen zusammen? Was an der Zusammenarbeit macht sie zufrieden, was unzufrieden?

Nun begann die Analyse: Der Stuhl in der Mitte eines Stuhlkreises stand symbolisch für das Unternehmen, drum herum waren Stühle gruppiert, die die relevanten Stakeholder repräsentierten. Jeweils ein Mitglied des Managementteams fungierte als Stellvertreter für eine Persona und wurde gebeten, sich dazu auf einen der Stühle im inneren Kreis zu setzen. Die konkrete Aufforderung lautete dabei, ganz zu der jeweiligen Persona zu „werden". Dies wurde durch entsprechende Anleitungen unterstützt, wie sie sich in der Aufstellungsarbeit bewährt haben (für eine nähere Beschreibung der Aufstellungsarbeit siehe Sparrer 2016 oder auch Weber et al. 2016).

Die im Vorfeld vorbereiteten Fragen wurden nun an den jeweiligen Stellvertreter gestellt. Auf diese Weise wurden die Führungskräfte dazu gebracht, aktiv die Perspektive der Kunden einzunehmen. Im Ergebnis erfolgten sehr unterschiedliche und teilweise sehr tiefgehende Rückmeldungen über die Erwartungen der Kunden an das Unternehmen.

Ein weiteres Mitglied des Managementteams im äußeren Stuhlkreis schrieb die Antworten mit, sodass sie am Ende gesammelt und festgehalten werden konnten. Weitere Mitglieder fungierten als Beobachter. In der Abb. 5.1 ist das Grundschema dargestellt.

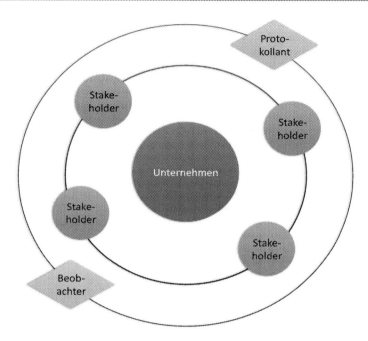

Abb. 5.1 Grundschema der Stakeholderanalyse als Aufstellungsarbeit

Es wurden nicht nur die Erwartungen der Bestandskunden, sondern auch die der Mitarbeiter, wichtiger Lieferanten sowie potenzieller Neukunden reflektiert.

5.2.4 Ergebnis

Auf der Basis der Rückmeldungen aus der Stakeholderanalyse wurde ein konkretes Zielbild für das Customer Experience Management abgeleitet: Auf der funktionalen Ebene sollte das Unternehmen seinen Kunden einfache, transparente Lösungen bieten, während es auf der emotionalen Ebene partnerschaftlich und innovationsfreudig auftreten und die Kunden begeistern wollte. Anschließend wurden noch Verhaltensbeschreibungen ergänzt, um das Zielbild zu konkretisieren.

Nachdem diese Zielvorstellungen konkret formuliert worden waren, konnte in einem weiteren Schritt herausgearbeitet werden, an welchen Punkten die

Gesamtorganisation noch besser auf die angestrebte Customer Experience ausgerichtet werden musste. Dazu wurde die aktuelle Ausgestaltung der Unternehmensstruktur mit dem Zielbild abgeglichen. Interessanterweise ergeben sich bei einem solchen Abgleich häufig Widersprüche zwischen der vorhandenen Unternehmensstruktur und dem eigentlichen Ziel. Wie dies in der Praxis ablaufen kann, wird beispielhaft in der nächsten Fallvignette geschildert.

5.3 Fallvignette 2: Überprüfung der bisherigen Unternehmensstruktur

5.3.1 Hintergrund zum Unternehmen

Bei dem Unternehmen in der zweiten Fallvignette handelt es sich um eine deutsche Vertriebs- und Servicegesellschaft für Automatisierungsprodukte, welche zu einer englischen Muttergesellschaft gehört. Im deutschen Markt ist das Unternehmen sehr erfolgreich und versteht sich als Lösungspartner für industrielle Endkunden und OEMs.

Ein zentrales Leistungsversprechen ist neben der Einhaltung sehr hoher technischer Standards vor allem eine ausgeprägte Kundenorientierung, zum Beispiel in der Form einer schnellen Reaktionszeit auf Anfragen oder auch des Anspruchs, immer direkt und einfach für Kunden erreichbar zu sein („one face to the customer").

Eine Herausforderung bestand allerdings darin, dass sich im Laufe der letzten Jahre ein gewisses „Silodenken" in den Bereichen Vertrieb und Service, aber auch im Projektmanagement für Sonderprojekte etabliert hatte. Das zeigte sich u. a. daran, dass die Lösungsverantwortung für auftretende Kundenprobleme von einem Bereich zum anderen delegiert wurde. Das Managementteam sprach von Fingerpointing: Oftmals wurden Konflikte zwischen den Bereichen nicht konstruktiv bzw. direkt angegangen, sondern an den Vorgesetzten delegiert, was eine kundenorientierte Problemlösung insgesamt erschwerte.

Mit zunehmendem Marktdruck verschärfte sich das Problem noch weiter. Letztendlich stand dieses Verhalten im Widerspruch zum Leistungsversprechen des Unternehmens. Da sich Kundenbeschwerden häuften, war aus gesamtunternehmerischer Perspektive daher eine deutlich stärkere Vernetzung zwischen den Bereichen notwendig. Dabei sollten die unterschiedlichen Bereiche die Zufriedenheit der Kunden als Gemeinschaftsaufgabe verstehen.

In der Vergangenheit wurden bereits mehrere Trainings zu diesem Thema durchgeführt, doch im Unternehmensalltag ließen sich trotzdem keine nachhaltigen

Erfolge verzeichnen. Offenbar genügte es nicht, nur auf der Ebene der Mitarbeiter anzusetzen, es war auch ein Blick auf die strukturelle Ebene des Unternehmens notwendig.

5.3.2 Projektidee

Wie bereits angedeutet, war das Unternehmen in seinen Überlegungen weiter als das Unternehmen in der ersten Fallvignette. Es gab bereits eine grundsätzliche Vorstellung zum Zielbild der Customer Experience. Allerdings stieß man bei der Umsetzung immer noch auf Hindernisse.

Da das Unternehmen bereits einige Versuche unternommen hatte, durch unterschiedliche Trainingsmaßnahmen die notwendigen Veränderungen anzu-stoßen, sollte sich unser Beratungsansatz zunächst darauf konzentrieren, heraus-zuarbeiten, welche Veränderungen auf struktureller Ebene notwendig waren. Erfahrungsgemäß ist es neben dem Faktor „Mensch" – der oftmals im Unter-nehmenskontext überbetont wird – notwendig zu erörtern, welchen Einfluss die gewählte Form des Organigramms, die Prozessausgestaltungen oder auch die gewählten Steuerungsinstrumente auf Phänomene wie ein „Silodenken" haben.

Als ein erster Schritt erschien daher eine vertiefende Analyse der Unter-nehmensstruktur sinnvoll.

5.3.3 Vorgehensweise

In einem ersten Schritt wurde das Zielbild der Customer Experience in konkrete Verhaltensbeschreibungen übersetzt und daraus wurden Kriterien abgeleitet, denen die Unternehmensstruktur genügen sollte. Beispielsweise sollte auch ein Mitarbeiter im Servicebereich bei entsprechenden Kundenanfragen Auskunft über den Stand des aktuellen Vertriebsprojektes geben können. Dazu müsste aber erst die IT-Infrastruktur einen abteilungsübergreifenden Informationsaus-tausch ermöglichen. Insgesamt wurden so neun unterschiedliche Verhaltens-beschreibungen und daraus resultierende Anforderungskriterien definiert.

Dann galt es, die bestehende Unternehmensstruktur gezielt zu analysieren. Dazu wurde auf das Strukturmodell von Nagel (2017) zurückgegriffen. In dem Ansatz zum sogenannten Organisationsdesign werden insgesamt sieben Struktur-elemente unterschieden (Nagel 2017).

Die Analyse wurde in zwei eintägigen Workshops durchgeführt. Dazu wurden für jedes der sieben Strukturelemente vorab Fragen formuliert, anhand derer die

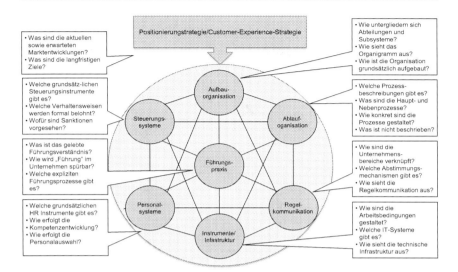

Abb. 5.2 Strukturelemente des Organisationsdesign mit Beispielfragen. (Quelle: In Anlehnung an Nagel 2017)

Führungskräfte den Status quo beschreiben sollten. Diese Beschreibungen sollten zudem mit Moderationskarten an einer Metaplanwand illustriert werden. So wurde sehr schnell sichtbar, wie die Unternehmensstruktur gestaltet war, und sie konnte mit den vorher definierten Anforderungskriterien abgeglichen werden.

In der Abb. 5.2 sind die Strukturelemente dargestellt und es sind beispielhaft einige Fragen hierzu formuliert.

5.3.4 Ergebnis

Im Rahmen eines Vergleichs des Ist-Zustands mit den Anforderungen wurde deutlich, inwiefern die bestehende Struktur zu den definierten Zielvorgaben passte und wo sie auseinandergingen.

Im vorliegenden Fall wurde bereits beim Blick auf die bestehende Abteilungsstruktur ersichtlich, dass das angestrebte Ziel des bereichsübergreifenden Denkens so nicht erreicht werden konnte.

Das im Unternehmen vorherrschende Silodenken wurde u. a. durch eine sehr starre funktional ausgerichtete Aufbauorganisation ohne entsprechende systematische Vernetzung auf der Ebene der Prozesse bzw. Regelkommunikation gefördert. Es gab zwar klar definierte Abteilungen, aber das Zusammenspiel um den Kunden herum war in keiner Weise strukturell eindeutig geregelt. Es fehlte ein systematischer Austausch zwischen den einzelnen Abteilungen. So war es auch unmöglich, Transparenz über die Kundenkommunikation zu erzielen. Zudem zeigte sich auf der Ebene der IT-Infrastruktur, dass es einen grundsätzlichen Bruch im Informationsaustausch zwischen Vertrieb und Service gab. Der Vertrieb notierte seine Beobachtungen in ein CRM-System, der Service wiederum in ein ganz anderes. Zwischen beiden Systemen gab es keine Schnittstelle.

In der Abb. 5.3 ist ein Ausschnitt aus einem solchen Workshop zu sehen. Dieses Bild wurde von dem Managementteam angefertigt und lässt die fehlende systematische Vernetzung der Abteilungen sowie die ungeregelte Zusammenarbeit mit den Kunden gut erkennen.

Auf der Basis des Abgleichs zwischen den Zielvorgaben und der bestehenden Unternehmensstruktur wurden ganz unterschiedliche Handlungsfelder deutlich. Hierzu wurden konkrete Maßnahmen erdacht, um die strukturellen Probleme zu beseitigen und die anvisierten Ziele zu erreichen. Dies war der Auftakt eines weiterführenden Veränderungsprozesses.

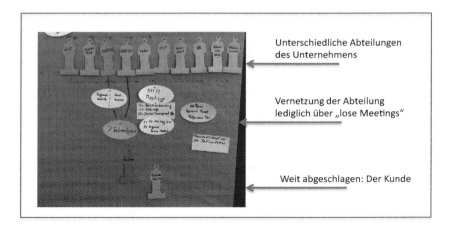

Abb. 5.3 Ausschnitt aus einem Workshop zur Analyse der Unternehmensstruktur

5.4 Fallvignette 3: Visualisierung und Evaluierung der Customer Journey

5.4.1 Hintergrund zum Unternehmen

Das Unternehmen, um das es in dieser Fallvignette geht, ist ein deutschlandweit tätiges Dienstleistungsunternehmen. Es legt viel Wert auf eine hohe Kundenzufriedenheit und hat in der Vergangenheit bereits viele Ressourcen in die Weiterentwicklung der Kundenbetreuung investiert. Um die Marktbearbeitung gezielt weiterzuentwickeln, sollte nun überprüft werden, wie sich die tatsächliche Customer Experience entlang der gesamten Wertschöpfungskette darstellte.

5.4.2 Projektidee

Im Rahmen des Beratungsprojekts sollte die komplette Customer Journey in den Blick genommen und analysiert werden. Dazu sollten alle wichtigen Interaktionspunkte betrachtet werden, um gezielt die Stärken und Schwächen der aktuellen Kundeninteraktion zu identifizieren. Aufbauend auf den Ergebnissen der Evaluierung des Ist-Zustands wollte das Management dann in einem nächsten Schritt weitere Maßnahmen entwickeln.

5.4.3 Vorgehensweise

Zur Evaluierung der Customer Experience wurde ein mehrstufiges Vorgehen gewählt. Zunächst wurden insgesamt drei unterschiedliche Personas definiert, für die beispielhaft die Customer Journey beschrieben werden sollte.

Dann wurden für jede Persona die zentralen 20 bis 30 Interaktionsschritte entlang des Kundenlebenszyklus benannt. Dazu wurden die einzelnen Schritte auf Moderationskarten geschrieben und entlang eines am Boden ausgelegten Seils angeordnet. Diese unterschiedlichen Schritte wurden wiederum in drei bis fünf Prozessstufen unterteilt. So ergab sich eine Kette von verschiedenen Interaktionsschritten, die wiederum in einzelnen Stufen zusammengefasst waren.

Die Führungskräfte mussten nun beschreiben, welche Erwartungen der Kunde in jeder Stufe an das Unternehmen hat. Dabei wurde zwischen Basis-, Leistungs- und Begeisterungsfaktoren unterschieden (vgl. Abschn. 3.3). Weiterhin wurden konkrete Beispiele für die Interaktionen entlang der einzelnen Schritte formuliert.

Abb. 5.4 Visualisierung der Customer Journey mit einem Seil am Boden

So war es dann möglich, die Interaktion an jedem Touchpoint zu reflektieren und zu bewerten, inwiefern die Erwartungen des Kunden an dieser Stelle erfüllt oder enttäuscht wurden.

Durch das gewählte Vorgehen war es möglich, den ganzen Prozess im Blick zu behalten und bislang übersehene Aspekte offenzulegen. Ein besonderer Vorteil der Arbeit mit einem Seil am Boden im Vergleich zu etwaigen Computerprogrammen liegt darin, dass die Kette der einzelnen Interaktionspunkte physisch abgelaufen werden kann, was in der Reflexion eine ganz andere Tiefe und ein anderes Verständnis ermöglicht. Zur Veranschaulichung ist in der Abb. 5.4 ein Foto aus einem der Workshops zu sehen.

5.4.4   Ergebnis

Auf der Grundlage der Bewertungen der bestehenden Interaktionen konnten Pain und Pleasure Points identifiziert werden. Daraus wurden dann Entwicklungsfelder abgeleitet und konkrete Handlungsansätze formuliert.

Weiterentwicklung eines Customer Experience Managements

6

6.1 Offene Handlungsfelder in der Praxis

Vor allem in den letzten Jahren hat das Thema Customer Experience und damit auch die Frage nach einem Management des Kundenerlebnisses nicht nur in der Marketing- und Vertriebsforschung, sondern auch in der unternehmerischen Praxis erfreulicherweise eine hohe Aufmerksamkeit erfahren. Es ist vielerorts als erfolgsrelevante Komponente der Unternehmensgestaltung erkannt worden. Dennoch gibt es gerade auch im Hinblick auf die Umsetzung in der unternehmerischen Praxis noch deutlichen Professionalisierungsbedarf (vgl. zum Folgenden Bruhn und Hadwich 2012; Kreutzer 2018):

1. Für die Praxis ist eine stärkere Professionalisierung notwendig. Viele Unternehmenslenker sind sich der Bedeutung der Schaffung besonderer Kundenerlebnisse bewusst, allerdings gibt es oftmals keinen erkennbaren Prozess zur Einrichtung eines systematischen Customer Experience Managements. Das beginnt bereits damit, dass es an einer systematischen Zieldefinition fehlt, geschweige denn, dass eine geordnete Anpassung der Unternehmensstrukturen erfolgt. Weiterhin bestehen große Schwierigkeiten bei der Erfolgsmessung sowie der Etablierung von Implementierungs- und Feedback-Schleifen.
2. Eine Customer Experience muss noch stärker ganzheitlich verstanden werden. Gerade in Organisationen mit einer hohen Vertriebsorientierung wird die Interaktion zwischen Kunden und Vertriebsmitarbeitern als sehr wichtig eingeschätzt. Diese reicht allerdings nicht aus. Customer Experience muss als ein multidimensionales Konstrukt verstanden werden, bei dem ein Kundenerlebnis über alle Interaktionspunkte hinweg entsteht. Dementsprechend ist Customer Experience Management als ein strategischer Ansatz zu begreifen und nicht

© Springer Fachmedien Wiesbaden GmbH, ein Teil von Springer Nature 2019
A. Tiffert, *Customer Experience Management in der Praxis*, essentials,
https://doi.org/10.1007/978-3-658-27331-6_6

auf einzelne Maßnahmen zu reduzieren. Dazu müssen die relevanten Kontaktpunkte klar definiert sein. Viele Unternehmen erwecken immer noch den Eindruck, als würden sie aus zwei – mehr oder weniger unabhängigen – Teilen bestehen: dem „Front Office" und dem „Back Office" (vgl. Kreutzer 2018). Wenn Effizienz, Produktivität und Kontrolle im Back Office dominieren, dann beeinflusst dies die Leistungen des Front Office (vgl. Kreutzer 2018).

3. Customer Experience Management verlangt auch ein systematisches Erwartungsmanagement. Damit ist gemeint, dass auf der einen Seite die Kundenerwartung gezielt in die Richtung der eigenen Positionierungsidee gelenkt und auf der anderen Seite das Kundenerlebnis gezielt verbessert werden sollte. Dazu ist es nötig, die Erwartungen der Kunden zu kennen und Instrumente des Erwartungsmanagements zu entwickeln.

4. Für ein nachhaltiges Customer Experience Management ist eine noch umfassendere Analyse der Kundenkontaktpunkte notwendig. Die Identifikation und das aktive Management sogenannter Moments of Truth stellt eine weitere zentrale Herausforderung für das Customer Experience Management dar. Hierzu bedarf es allerdings vielerorts einer noch besseren Planung und Umsetzung, aber vor allem auch einer noch besseren Messung der Auswirkungen.

6.2 Abschließende Empfehlungen zur Umsetzung der Inhalte

Insgesamt kann festgehalten werden: Je besser sich Führungskräfte mit dem Konzept eines systematischen Customer Experience Managements auskennen, desto besser sind sie auf relevante Herausforderungen vorbereitet. Und umso leichter wird es ihnen gelingen, die notwendigen Maßnahmen zu erkennen, anzugehen und im eigenen Tagesgeschäft umzusetzen. Im Rahmen dieses *essentials* sollte hierfür ein Beitrag geleistet werden, aber auch ein vertiefender Blick in die im Literaturverzeichnis aufgeführte Literatur kann helfen, das eigene Wissen noch weiter zu fundieren.

Weiterhin sollten alle Maßnahmen immer sehr individuell vor dem Hintergrund der eigenen Markt- und Unternehmenssituation gedacht und umgesetzt werden. Um diese besser in den Blick zu bekommen, ist es sicherlich hilfreich, sich in diesem Prozess durch eine externe Unterstützung begleiten zu lassen. Aus der Erfahrung verschiedener Projekte kann dabei gesagt werden, dass dies oftmals gar nicht so umfangreich sein muss. Es ist jedoch immer hilfreich, einen externen Blick in die Diskussion aufzunehmen.

Eine letzte Empfehlung: Bleiben Sie realistisch, was Ihren eigenen Anspruch betrifft, und denken Sie Veränderungen immer in Form von Schleifen. Es ist völlig normal, dass sich bei der Justierung einer Stellschraube manchmal an ganz anderer Stelle ungeplante Nebenwirkungen ergeben. Insofern gehört es immer dazu, im Prozess nachzusteuern und entsprechende Entwicklungsprojekte flexibel zu führen.

Was Sie aus diesem *essential* mitnehmen können

Folgende Fragen und Aufgaben haben sich zur Anregung der Verarbeitung der Inhalte und zur Vorbereitung des Wissenstransfers bewährt:

- Was verstehen Sie unter dem Begriff „Customer Experience"? Welche verschiedenen Erlebnisdimensionen im Hinblick auf die Customer Experience sind zu unterscheiden?
- Was ist die Grundidee des „Customer Experience Managements"? Wie soll es wirken und was ist dazu wichtig?
- Erklären Sie einem neutralen Dritten – jemandem, der dieses Buch nicht gelesen hat – die Begriffe „Touchpoint", „Customer Experience" und „Customer Journey".
- Wie wollen Sie die Ideen aus diesem Buch in Ihrem Unternehmen umsetzen? Wann fangen Sie damit an? Was ist hierzu ein konkreter erster Schritt? Wie genau gehen Sie dabei vor?

© Springer Fachmedien Wiesbaden GmbH, ein Teil von Springer Nature 2019
A. Tiffert, *Customer Experience Management in der Praxis,* essentials,
https://doi.org/10.1007/978-3-658-27331-6

Literatur

Brakus, J. J., Schmitt, B., & Zarantonello, L. (2009). Brand experience: What is it? How is it measured? Does it affect loyalty? *Journal of Marketing, 73*(3), 52–68.

Bruhn, M. (2016). *Qualitätsmanagement für Dienstleistungen: Handbuch für ein erfolgreiches Qualitätsmanagement. Grundlagen – Konzepte – Methoden* (10. Aufl.). Wiesbaden: Springer Gabler.

Bruhn, M., & Hadwich, K. (2012). Customer Experience – Eine Einführung in die theoretischen und praktischen Problemstellungen. In M. Bruhn & K. Hadwich (Hrsg.), *Forum Dienstleistungsmanagement: Customer Experience* (S. 3–36). Wiesbaden: Springer Gabler.

Esch, F.-R. (2015). Customer-Touch-Point-Management. https://www.esch-brand.com/publikationen/studien/whitepaper-zu-customer-touchpoint-management/. Zugegriffen: 13. Nov. 2018.

Gentile, C., Spiller, N., & Noci, G. (2007). How to sustain the customer experience: An overview of experience components that co-create value with the customer. *European Management Journal, 25*(5), 395–410.

Gilliam, E. (2017). Die besten 20 Tools zur Customer Journey Mapping: Ein Überblick. https://mopinion.com/de/tools-zur-customer-journey-mapping. Zugegriffen: 30. Jan. 2019.

Grewal, D., Levy, M., & Kumar, V. (2009). Customer experience management in retailing: An organizing framework. *Journal of Retailing, 85*(1), 1–14.

Haeckel, S. H., Carbone, L. P., & Berry, L. L. (2003). How to lead the customer experience. *Marketing Management, 12*(1), 18–23.

Hirschman, E. C., & Holbrook, M. B. (1982). Hedonic consumption: Emerging concepts, methods and propositions. *Journal of Marketing, 46*(3), 92–101.

Hoch, S. J. (2002). Product experience is seductive. *Journal of Consumer Research, 29*(3), 448–454.

Hummel, C., Heumann, C., & Wangenheim, Fv. (2012). Customer Experience Management in der Praxis: State-of-the-Art in der Telekommunikationsindustrie. In M. Bruhn & K. Hadwich (Hrsg.), *Customer Experience: Forum Dienstleistungsmanagement* (S. 407–424). Wiesbaden: Springer Gabler.

Jones, T. O., & Sasser, W. E., Jr. (1995). Why satisfied customers defect. *Harvard Business Review, 73*(6), 88–99.

© Springer Fachmedien Wiesbaden GmbH, ein Teil von Springer Nature 2019

A. Tiffert, *Customer Experience Management in der Praxis*, essentials,

https://doi.org/10.1007/978-3-658-27331-6

Kreutzer, R. (2014). *Praxisorientiertes Online-Marketing, Konzepte – Instrumente – Checklisten*. Wiesbaden: Springer Gabler.

Kreutzer, R. (2018). Customer Experience Management – wie man Kunden begeistern kann. In A. Rusnjak & D. R. A. Schallmo (Hrsg.), *Customer Experience im Zeitalter des Kunden* (S. 95–119). Wiesbaden: Springer Gabler.

Kruse Brandão, T., & Wolfram, G. (2018). *Digital Connection: Die bessere Customer Journey mit smarten Technologien – Strategie und Praxisbeispiele*. Wiesbaden: Springer Gabler.

Leischnig, A., Schwertfeger, M., & Enke, M. (2012). Customer Experience als Ansatzpunkt zur Differenzierung im Einzelhandel. In M. Bruhn & K. Hadwich (Hrsg.), *Forum Dienstleistungsmanagement: Customer Experience* (S. 425–443). Wiesbaden: Springer Gabler.

Lemon, K. N., & Verhoef, C. P. (2016). Understanding customer experience throughout the customer journey. *Journal of Marketing, 80*(6), 69–96.

Mascarenhas, O. A., Kesavan, R., & Bernacchi, M. (2006). Lasting customer loyalty: A total customer experience approach. *Journal of Consumer Marketing, 23*(7), 397–405.

Mayer-Vorfelder, M. (2012). *Kundenerfahrungen im Dienstleistungsprozess – Eine theoretische und empirische Analyse*. Wiesbaden: Gabler.

Meyer, C., & Schwager, A. (2007). Das Kundenerlebnis verbessern. *Harvard Business Manager, 29*(4), 58–73.

Nagel, R. (2017). *Organisationsdesign: Modelle und Methoden für Berater und Entscheider* (2. Aufl.). Stuttgart: Schäffer Poeschel.

Nagel, R., & Wimmer, R. (2014). *Systemische Strategieentwicklung: Modelle und Instrumente für Berater und Entscheider* (6. Aufl.). Stuttgart: Schäffer Poeschel.

Nagel, R. (2014). *Lust auf Strategie: Workbook zur systemischen Strategieentwicklung* (3. Aufl.). Stuttgart: Schäffer Poeschel.

Nerdinger, F. W. (1994). *Zur Psychologie der Dienstleistung: theoretische und empirische Studien zu einem wirtschaftspsychologischen Forschungsgebiet*. Stuttgart: Schäffer-Poeschel.

Nerdinger, F. W. (2001). *Psychologie des persönlichen Verkaufs*. München: Oldenbourg.

Nerdinger, F. W. (2003). *Kundenorientierung*. Göttingen: Hogrefe.

Nerdinger, F. W. (2011). *Psychologie der Dienstleistung*. Göttingen: Hogrefe.

Niederhagen, S. (2019). HOW we SELL & INTERACT is WHY we WIN! – Erfahrungsbericht: Customer Journey trifft digitale Vertriebs-Prozessharmonisierung im B2B Vertrieb. In L. Binckebanck, A.-K. Hölter, & A. Tiffert (Hrsg.), *Führung von Vertriebsorganisationen* (2. Aufl.). Wiesbaden: Springer Gabler. (im Druck)

Oberholzer, G., & Eichholzer, A. (2017). *Customer Journeys: Kunden verstehen und mit phänomenalen Customer Journeys übersättigte Märkte erobern*. Berlin: Stimmt.

Patrício, L., Fisk, R. P., & Falcão e Cunha, J. (2008). Designing multi-interface service experiences. *Journal of Service Research, 10*(4), 318–334.

Pine, J. B., & Gilmore, G. H. (1999). *The experience economy: Work is theater & every business a stage*. Boston: Harvard Business Review Press.

Reidel, M. (2015). Viele Chancen, wenig Treffer. *Horizont, 29*, 20.

Schmitt, B., & Mangold, M. (2004). *Kundenerlebnis als Wettbewerbsvorteil. Mit Customer Experience Management Marken und Märkte Gewinn bringend gestalten*. Wiesbaden: Springer Gabler.

Schnorbus, L. (2016). *Erlebnisqualität als Erfolgsfaktor für das Customer Experience Management. Am Beispiel der vom Anbieter beeinflussbaren Kontaktpunkte einer Badepauschalreise.* Dissertation, Leuphana Universität Lüneburg, Lüneburg.

Sparrer, I. (2016). *Systemische Strukturaufstellungen: Theorie und Praxis* (3. Aufl.). Heidelberg: Carl-Auer.

Tiffert, A. (2006). *Entwicklung und Evaluierung eines Trainingsprogramms zur Schulung von Techniken des Emotionsmanagement: eine Längsschnittstudie im persönlichen Verkauf.* München: Hampp.

Tiffert, A. (2019). Everything changes – Systemische Ansätze für das Change Management. In L. Binckebanck, A.-K. Hölter, & A. Tiffert (Hrsg.), *Führung von Vertriebsorganisationen* (2. Aufl.). Wiesbaden: Springer Gabler. (im Druck).

Verhoef, P. C., Lemon, K. N., Parasuraman, A., Roggeveen, A., Tsiros, M., & Schlesinger, L. A. (2009). Customer experience creation: determinants, dynamics and management strategies. *Journal of Retailing, 85*(1), 31–41.

Weber, G., Schmidt, G., & Simon, F. B. (2016). *Aufstellungsarbeit revisited:...nach Hellinger?* (3. Aufl.). Heidelberg: Carl-Auer.

Printed in the United States
By Bookmasters